BEI GRIN MACHT SICH IHR WISSEN BEZAHLT

AF151409

- Wir veröffentlichen Ihre Hausarbeit, Bachelor- und Masterarbeit

- Ihr eigenes eBook und Buch - weltweit in allen wichtigen Shops

- Verdienen Sie an jedem Verkauf

Jetzt bei www.GRIN.com hochladen und kostenlos publizieren

Stephanie Gebauer

Darstellung von zwei Pilatesübungen

GRIN Verlag

Bibliografische Information der Deutschen Nationalbibliothek:

Die Deutsche Bibliothek verzeichnet diese Publikation in der Deutschen National-bibliografie; detaillierte bibliografische Daten sind im Internet über http://dnb.d-nb.de/ abrufbar.

Impressum:

Copyright © 2013 GRIN Verlag GmbH
Druck und Bindung: Books on Demand GmbH, Norderstedt Germany
ISBN: 978-3-656-55613-8

Dieses Buch bei GRIN:

http://www.grin.com/de/e-book/265661/darstellung-von-zwei-pilatesuebungen

GRIN - Your knowledge has value

Der GRIN Verlag publiziert seit 1998 wissenschaftliche Arbeiten von Studenten, Hochschullehrern und anderen Akademikern als eBook und gedrucktes Buch. Die Verlagswebsite www.grin.com ist die ideale Plattform zur Veröffentlichung von Hausarbeiten, Abschlussarbeiten, wissenschaftlichen Aufsätzen, Dissertationen und Fachbüchern.

Besuchen Sie uns im Internet:

http://www.grin.com/

http://www.facebook.com/grincom

http://www.twitter.com/grin_com

Inhaltsverzeichnis

1 Übungsauswahl - Pilates

1.1 Shoulder Bridge (Schulterbrücke)

1.1.1 Muskelgruppen

Tab. 1: Muskelgruppen - Shoulder Bridge

Hauptsächlich beanspruchte Muskelgruppen	
dynamisch	statisch
M. glutaeus maximus	Mm. erector spinae (Mm. spinales, Mm. longissimi, Mm. iliocostales)
M. semimembranosus	Mm. semispinales
M. semitendinosus	Mm. multifidi
M. biceps femoris	Mm. intertransversarii
M. iliopsoas	Mm. interspinales
M. rectus femoris	Mm. rotatores
M. sartorius	M. rectus abdominis
M. tensor fasciae latae	M. obliquus externus abdominis
M. pectineus	M. obliquus internus abdominis
	M. transversus abdominis

1.1.2 Bewegungsbeschreibung

Um die Ausgangsposition einzunehmen, legt man sich flach auf den Rücken, winkelt die Knie an und stellt die Füße hüftbreit flach auf den Boden auf. Dabei liegen die Arme seitlich neben dem Körper, wobei die Handflächen nach unten zeigen. Als nächstes wird das Becken von der Matte nach oben hin gehoben und die Handinnenflächen flach an die Hüften gelegt, damit der Oberkörper gestützt wird. Dabei werden die Ellenbogen aktiv in die Matte gedrückt und die Brust nach oben gehoben. Der Schultergürtel ist nach unten gezogen und hat permanenten Kontakt mit dem Boden. Außerdem werden die unteren Ansätze der Bauch-muskeln nach oben gezogen, damit eine ständige Wirbelsäulen- und Beckenstabi-lität gewährleistet ist und das Becken nicht zu weit nach vorne kippt. Nun wird ein Fuß angehoben und das Knie Richtung Brust geführt. Anschließend wird das Knie durchgestreckt und das Bein senkrecht zur Decke geführt, wobei die Zehen gestreckt sind.

Nachdem man die Rückenlage mit angestellten Beinen eingenommen hat wird das Powerhouse aktiviert, indem man einatmet und den Bauchnabel Richtung Wirbelsäule zieht. Mit dem Rollen des Beckens nach oben wird ausgeatmet. Beim nächsten Einatmen wird ein Bein senkrecht nach oben gestreckt und mit dem nächsten Ausatmen parallel zum Oberschenkel des anderen Beines gesenkt. Dies wird ca. 5-mal mit dem Bein wiederholt. Nach der letzten Wiederholung wird mit der Ausatmung das Bein aufgestellt und mit dem Einatmen das andere Bein nach oben gestreckt.

Am Ende der Übung wird das Becken langsam und kontrolliert auf der Matte ab-gerollt.

Bezüglich der Beckenstabilisation ist diese Übung für Fortgeschrittene einzuord-nen, da nur ein Bein das Körpergewicht und das Becken stützt, während sich das andere auf und ab bewegt (Isacowitz & Clippinger, 2011, S. 128 ff.).

1.1.3   Variation

Eine Variation dieser Übung ist es, die hier vorgestellte Übung ohne Handstütze durchzuführen. Dabei werden die Arme flach neben den Körper auf der Matte abgelegt, sodass die Handflächen nach unten zeigen. Diese Variation ist eine Er-schwerung der Grundübung, da das Becken und die Wirbelsäule viel stärker durch das eigene Gewicht stabilisiert werden müssen, wie wenn die Hände dies unterstützen. Somit müssen die vordere und hintere Haltemuskulatur der Wirbel-säule mehr arbeiten. An den hauptsächlich beanspruchten Muskelgruppen ändert sich hinsichtlich der Grundübung nichts.

1.2 Swimming (Schwimmen)

1.2.1 Muskelgruppen

Tab. 2: Muskelgruppen - Swimming

Hauptsächlich beanspruchte Muskelgruppen	
dynamisch	statisch
M. glutaeus maximus	M. transversus abdominis
M. semimembranosus	M. rectus abdominis
M. semitendinosus	M. obliquus externus abdominis
M. biceps femoris	M. obliquus internus abdominis
Mm. erector spinae (Mm. iliocostales, Mm. lonigssimi, Mm. spinales)	
Mm. semispinales	
Mm. intertransversarii	
Mm. interspinales	
Mm. multifidi	
Mm. rotatores	
Mm. rhomboidei	
M. trapezius, pars transversa	

1.2.2 Bewegungsbeschreibung

Als erstes wird der Körper in Bauchlage gebracht und die Arme nach vorne hin ausgestreckt, sodass die Handflächen zum Boden zeigen. Die Hüfte ist fest am Boden fixiert. Anschließend wird mit dem Einatmen das Powerhouse aktiviert, indem der Bauchnabel zur Wirbelsäule gezogen und die Beckenmuskulatur, sowie die untere Rückenmuskulatur angespannt wird. Daran angeschlossen werden mit dem Ausatmen der Kopf mit Blick zur Matte, die Brust, die Arme und die

Beine von der Matte abgehoben. Mit dem nächsten Atemzug werden der rechte Arm und das linke Bein gegengleich im Wechsel mit dem linken Arm und dem rechten Bein auf und ab (ohne Bodenberührung) bewegt. Die Bewegung soll weich und fließend durchgeführt werden, sodass bei fünf Paddelbewegungen ein- und bei weiteren fünf ausgeatmet wird. Die Bewegung soll insgesamt mit zehn Atemzügen vollzogen werden. Wichtig hierbei ist das die Bewegung der Arme ausschließlich aus den Schultern und die Bewegung der Beine aus der Hüfte durchgeführt wird, sodass der Rumpf ruhig ist. Nach Abschluss des letzten Atemzuges werden die Arme und Beine mit dem Einatmen gleichzeitig auf den Boden abgelegt.

Die Übung Swimming fördert vor allem die Rumpfstabilität, da die Rücken-streckmuskulatur drehend gegen die Bewegung der Arme und Beine wirken muss, um den Oberkörper in der gewünschten Stellung zu halten. Des Weiteren schult diese Übung die Koordination da die gegengleiche Bewegung der Arme und Beine kontrolliert werden muss (Isacowitz & Clippinger, 2011, S. 184 ff.).

1.2.3 Variation

Als Variation dieser Grundübung ist vorgesehen, die Bewegung mehr auf die Arme und Beine zu fokussieren. Diese weicht von der Grundübung ab, da die nach vorne gestreckten Arme beim Einatmen seitlich zum Körper geführt und beim Ausatmen wieder zurück nach vorne bewegt werden sollen. Außerdem sollen die nach oben gestreckten Beine sich beim Einatmen zur Seite hin öffnen und bei Ausatmen zur Mitte hin wieder schließen. Dies wird insgesamt zehn Mal wiederholt. Diese Variation der Grundübung ist eine Erschwerung, da die Arme und Beine intensiver arbeiten und eine längere Strecke zurücklegen müssen. Des Weiteren muss die Spannung in den Armen und Beinen aufgrund der größeren Bewegungsamplitude höher sein, um ständig die Arme und Beine oben zu halten.

2   Literaturrecherche

2.1 Studie 1

Die Studie „Does a program of Pilates improve chronic non-specific low back pain? " wurde 2006 von Gladwell et al. (2006, S. 338-350) publiziert und untersuchte die Auswirkungen eines Pilates Trainings bei Personen mit chronischen jedoch unklaren Beschwerden im unteren Rückenbereich („low back pain").

Die Studie wurde mit 49 Probanden, die seit mehr als 12 Wochen am „low back pain" Syndrom leiden, durchgeführt, wobei 25 am Pilatestraining teilnahmen und 24 in einer Kontrollgruppe tätig waren. Lediglich 34 Probanden beendeten die Studie (14 in der Kontrollgruppe und 20 in der Pilatesgruppe). Beide Gruppen führten berufliche und alltägliche Aktivitäten weiterhin so durch wie vor der Untersuchung. Die Pilatesgruppe führte ein sechswöchiges Pilatestraining von täglich einer Stunde durch. Zuhause wiederholten die Probanden 2x die Woche für 30 Minuten die Übungen. Die Probanden der Kontrollgruppe gingen ihren alltäglichen Aktivitäten und Maßnahmen zur Schmerzbehandlung nach. Zur Beurteilung mussten alle Teilnehmer vor und nach der Untersuchung einen Fragebogen ausfüllen. Nach der Untersuchung konnten signifikante Verbesserungen in der Pilatesgruppe in Bezug auf die allgemeine Gesundheit, Flexibilität, Sportlichkeit und Propriozeption erzielt werden. Außerdem nahm der Schmerz im unteren Rückenbereich ab. In der Kontrollgruppe gab es hinsichtlich dieser Faktoren keine nennenswerten Verbesserungen.

Schluss folglich ist Pilates eine gute Therapie bei Beschwerden im unteren Rückenbereich. Zudem verbessert Pilates die allgemeine Gesundheit, die Propriozeption und Flexibilität bei Personen mit chronischen jedoch unklaren Rückenschmerzen. Pilates ist ein Ganzkörpertraining, welches biologische, pädagogische und psychologische Aspekte umfasst, einschließlich Bewältigungsstrategien und soziale Komponente. Diese sind wichtige Faktoren zur Verbesserung von Rückenschmerzen.

2.2 Studie 2

Die von Rydeard et al. (2006, S. 472-484) durchgeführte Studie „Pilates-based therapeutic exercise: effect on subjects with nonspecific chronic low back pain and functional disability: a randomized controlled trial" wurde 2006 publiziert und untersucht die Wirkung von Pilatesübungen auf Patienten mit unklaren chronischen Rückenschmerzen und funktionellen Behinderungen.

55 Probanden wurden für die Studie herangezogen, wobei 39 die Studie beendeten (15 weibliche und 14 männliche Probanden). Die Probanden waren alle körperlich aktiv (ca. 50 Min. wöchentlich), zwischen 20 und 55 Jahren und hatten Schmerzen im unteren Rückenbereich. 21 Probanden waren in der Pilatesgruppe und 18 in einer Kontrollgruppe. Die Teilnehmer der Pilatesgruppe wurden nach 3, 6 und 12 Monaten noch einmal bezüglich ihrer Schmerzen und Einschränkungen kontrolliert. Die Probanden wurden zufällig in eine der beiden Gruppen gewählt. Die Pilatesgruppe führte ein 4-wöchiges Pilatesprogramm durch, wobei sie 3x die Woche für eine Stunde in der Klinik trainierten und 3x die Woche für 15 Minuten zu Hause. Das Programm wurde darauf ausgerichtet, die Muskeln im Bereich der LWS und des Beckens zu aktivieren und zu trainieren. Die Kontrollgruppe konnte mit Ärzten oder anderen Spezialisten Rücksprache halten, absolvierte jedoch kein bestimmtes Trainingsprogramm. Die Ergebnisse basierten auf einem durch die Teilnehmer ausgefüllten Fragebogen von Roland Morris und die Bewertung der durchschnittlichen Schmerzintensität auf einer Skala.

Bei den Probanden mit einer funktionellen Behinderung konnte man durch das Pilatestraining im Gegensatz zur Kontrollgruppe eine deutliche Verbesserung feststellen, was ebenfalls auf die durchschnittliche Schmerzintensität bei den Probanden mit den Rückenschmerzen zutrifft. Die Teilnehmer der Pilatesgruppe konnten einen signifikanten Rückgang ihrer Schmerzen im unteren Rückenbereich sowie funktionellen Behinderungen erkennen. Durch eine nochmalige Kontrolle nach 3, 6 und 12 Monaten konnte gezeigt werden, dass die Auswirkungen wahrscheinlich aufrechterhalten bleiben, jedoch ist dieses Ergebnis mit Vorsicht zu betrachten, da es keine signifikanten Unterschiede zwischen der Nachbehandlung und nach den 12 Monaten gibt.

Schluss folglich zeigt sich, dass ein Pilatestraining wirksamer bei chronischen, unklaren Beschwerden im unteren Rückenbereich ist wie die übliche Versorgung durch Ärzte oder Spezialisten.

3   Literaturverzeichnis

Gladwell, V., Head, S., Haggar, M. & Beneke, R. (2006). Does a program of Pilates improve chronic non-specific low back pain? *Journal of Sport Rehabilitation*, 15 (4), 338-350.

Isacowitz, R. & Clippinger, K. (2011). *Pilates Anatomie*. München: Stiebner Verlag GmBH.

Rydeard, R., Leger, A. & Smith, D. (2006). Pilates-based therapeutic exercise: effect on subjects with nonspecific chronic low back pain and functional disability: a randomized controlled trial. *Journal of Orthopaedic and Sports Physical Therapy*, 36 (7), 472-484.

4   Tabellenverzeichnis